बिखरे पत्ते बाग में

सहज कविताएं

पं. पंकज कुमार भट्ट

AF486234

ISBN 979-8-89002-991-1

अंतर्वस्तु

प्रार्थना: हे सती माता

हे सती माता दया की दृष्टि हम पर कीजिए,
चरणों में हम सिर झुकायें हमको आशीष दीजिए,
भूल से जो भूल हे माता सती जी हो गई,
भूल को करना क्षमा माता जो हमसे हो गई,
भूल से भी भूल ना हो ये कृपा कर दीजिए,
हे सती माता दया की दृष्टि हम पर कीजिए

कुल की देवी हो सती कुलरीति पर माँ हम चलें,
मान मर्यादा की रक्षा माँ तेरी हरदम करें,
युग - युगों में माँ हमें सद्कर्म का वर दीजिये,
हे सती माता दया की दृष्टि हम पर कीजिए,
द्वार तेरे आए हैं हम सुमन श्रद्धा के लिए,
भक्ति का दीपक है माता प्रेम की बाती लिए,
भक्ति की ज्योति सदा हर दिल में जलने दीजिए,
हे सती माता दया की दृष्टि हम पर कीजिए,

सत्य की देवी सती माँ, सत्य की वर्षा करो,
सत्य की हर कामना हो, सत्य का हर भाव हो
सत्य की ज्योति सदा हर युग में जलने दीजिए
हे सती माता दया की दृष्टि हम पर कीजिए

एक विनती है मेरी माता सती सुन लीजिए,
द्वार पर तेरे जो आये शरण में ले लीजिए,
कामना लेकर जो आये मात पूरी कीजिये,
हे सती माता दया की दृष्टि हम पर कीजिए,
चरणों में हम सिर झुकायें हमको आशीष दीजिए।

माँ! अब मैं बड़ा हो गया हूँ

माँ! अब मैं बड़ा हो गया हूँ,
तेरी याद से दूर कहीं खो गया हूँ,

अब मुझे तेरी याद नहीं आती,
न रात, न दिन कभी भी नहीं सताती,

एक वक़्त था, आने का प्रश्न ही न था,
जाती ही न थी,

आज वक़्त ही नहीं जो आयेगी,
अब पलभर भी न सतायेगी।
बड़ा होने के साथ गरीबी आई,
सबसे कीमती वक़्त की कमी ले आई,

ये याद तो वक़्त के रास्ते पे चलती है,

ज़िधर खाली देखा उधर ही निकलती है,

चारों ओर से घिर गये हैं रास्ते,

एक भी खाली नहीं तेरी याद के वास्ते,

एक भी खाली नहीं तेरी याद के वास्ते।

आस

उसने कष्टों के कष्ट सहे,

दिन रात सहे, हर बार सहे,

आयी थी कितनी भोली थी,

मुँह से कुछ कभी न बोली थी

घर में संग्राम की होली थी,

जो उसने कभी न खेली थी,

आने पर उसको पता चला,

इस भीड़ में वह तो अकेली थी,

उसका साथी था साथ सदा,

पर कभी न उसको पास लगा,

कुछ स्नेह की बूँदें थी वहाँ,

अमृत भी सामने फीका था,

कुछ चख के ऐसी बूँदों को,

होली की आग में जीना था,

एक ऐसा विष था जो उसको,

पल, पल, हर पल ही पीना था,

वो चलती रही सदा कँटीले पथ पर,

पथरीली पहाड़ियाँ ही तो थी, सदा उसका घर,

हर पल, सुगम पथ की चाह और आस,

अरे आस ही तो होती है, शक्ति हम सबके पास,

अरे आस ही तो होती है, शक्ति हम सबके पास।

क्षमा पूर्ण जिसका जीवन हो

क्षमा पूर्ण जिसका जीवन हो,

रोम रोम में बसी क्षमा हो,

हर पल जिसको मिली क्षमा हो,

पल-पल जिसको याद क्षमा हो,

उससे बोली क्षमा एक दिन,

और रहो तुम कुछ मेरे बिन,

कौन बताये उस पगली को,

कैसे कटते हैं दिन तुम बिन,

जब आती है गहरी रातें,

बरस हैं पड़ती सुनहरी बातें

दूर तुरत हो जाती हैं तब,

काली-काली गहरी रातें, काली काली गहरी रातें,

मुझे नहीं लगता तुमको भी, याद न होंगी अपनी बातें,

गहरी बातें, काली रातें, काली रातें गहरी बातें,

आओ लगायें मिलकर फिर से,

डुबकी इन गहरी बातों में,

और सदा होंगी अपने संग,

गहरी और सुनहरी बातें,

सुनकर मेरी इन बातों को,

मेरे बेटा रो मत देना,

अगर खुशी हो तुमको थोड़ी,

तो आँसुओं में धो मत देना,

तो आँसुओं में धो मत देना।

जागृत

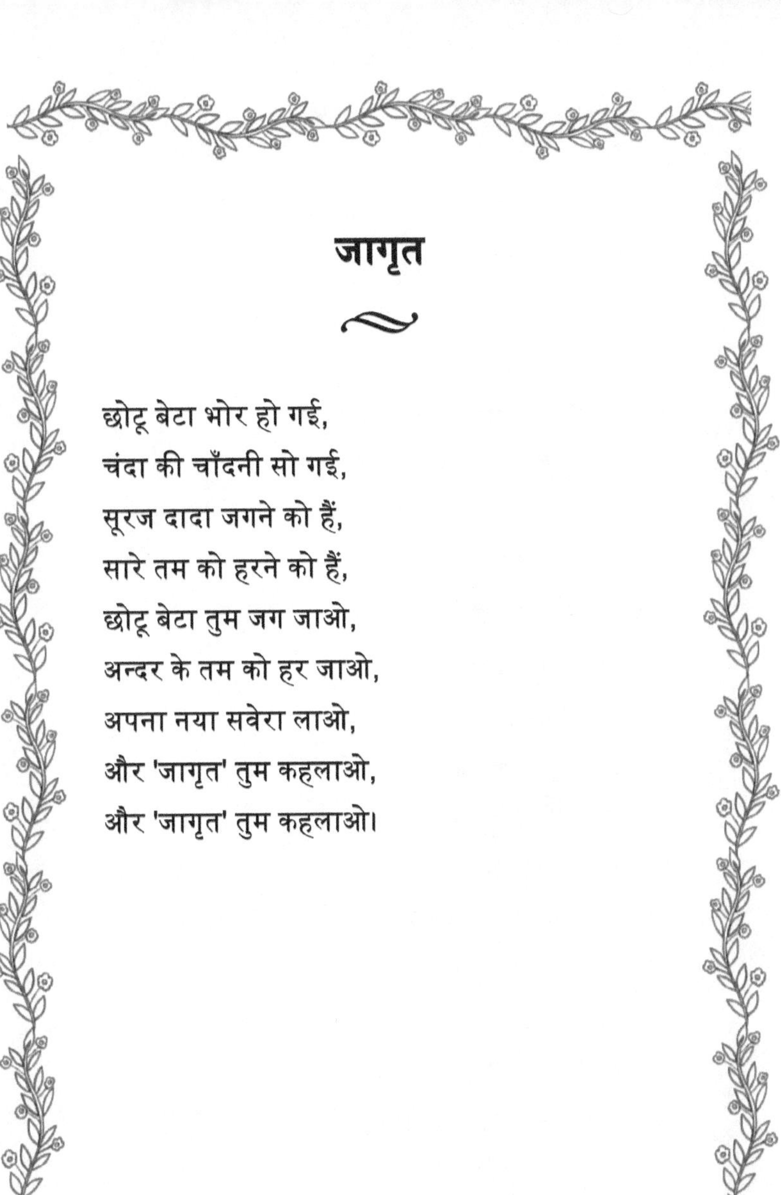

छोटू बेटा भोर हो गई,

चंदा की चाँदनी सो गई,

सूरज दादा जगने को हैं,

सारे तम को हरने को हैं,

छोटू बेटा तुम जग जाओ,

अन्दर के तम को हर जाओ,

अपना नया सवेरा लाओ,

और 'जागृत' तुम कहलाओ,

और 'जागृत' तुम कहलाओ।

देवता

सदा से ही दे जाता, दुखों को लेता जाता,

बदलता जाता, पल-पल दुख को खुशी में,

पाता बदले में दुआयें, कभी तुझ पर दुख न आयें,

सदा खुशियों के बादल छायें,

अब समझा, कैसे होती है, अच्छाई की जीत,

कैसे दुश्मन भी बन जाता है मीत,

जारी रहे सदा ये सिलसिला,

बढ़ता रहे यूँ ही काफ़िला,

तुम हो काफिले के सरदार, जान भी कर देंगे तुझपे वार,

खोलो नित नये द्वार,

रच दो नया संसार, जिसमें हो खुशियाँ अपार,

सच्चों को दण्ड से छुट्टी,

झूठों से सदा तेरी कुट्टी,

अपना सब कुछ कर देंगे दोहन,

तुम सदा याद आओगे मोहन।

तुम सदा याद आओगे मोहन।

जब होती हो तुम यादों में,

जब होती हो तुम यादों में, बन जाती है कविता,

बह जाती है तन मन में, एक उन्मादों की सरिता,

डर है अगर लिखूँगा उठके, लिख पाऊँगा क्या मैं

तोड़ के इन यादों का घेरा, उठ पाऊँगा क्या मैं,

इन घेरों को मैं न तोड़ूँ, न छोड़ें ये घेरे,

तेरे मेरे साथ पड़े हैं, जनम-जनम के फेरे,

इन फेरों के बंधन को तू, अब न तोड़ सकेगी,

छोड़ के इन फेरों के घेरे, मुख न मोड़ सकेगी,

यह तो है केवल एक कविता,

तू कविता की सरिता,

जी करता है इस सरिता के सागर को मैं पाऊँ,

उस सागर की एक बूँद में ही क्यों न मिल जाऊँ,

उस सागर की एक बूँद में ही क्यों न मिल जाऊँ,

जब यादों से आये कविता

तब क्या होगा जब तुम होगे

क्या मैं हूँगा, क्या तुम होगे,

क्या होगी तब कविता।

साहस का साया

क्या निकला था जब पथ पर तू, साथ न साहस लाया,

इक छोटे से झोंके ने ही, तुझको पथ भटकाया,

क्या न साथ चला था तेरे, साहस का वो साया,

दूर-दूर तू सदा था उससे, साथ कभी न पाया,

क्या इस छोटे से झोंके से तू बदलेगा पथ को,

या फिर साहस के साये में आगे लेगा रथ को,

निकला था तूफां से लड़ने या झोंके से डरने,

तब कहता था निकला हूँ मैं करने या फिर मरने,

अब जानो करने की बारी, मरना भी एक करना,

फिर क्या डरना इस झोंके से, हर झोंके से लड़ना,

फिर क्या डरना इस झोंके से, हर झोंके से लड़ना,

क्या देखा है किसी ने खुद को,

देखा सबने खुद का साया,

अभी तलक न जाना क्या तू,

साथ है तेरे किसका साया,

साथ है तेरे उसके साया।

नव दीपक

हे नव दीपक, नव कुल दीपक,
बन जाओ तुम, नव युग दीपक,
क्यों न बन जाओ वो तारा?
जिससे तम आकाश का हारा,
तम को हर बन जाओ दिनकर,
नव जीवन दो सबको न्यारा,
तुम से जीती दिन की आशा,
हारी काली घोर निराशा,
तुम नव हो नव युग रच डालो,
सृजन नव पथ का कर डालो,
नव पथ जायेगा, नव मंजिल,
नव मंजिल हो, नव युग मंजिल,
तुमको अर्पण ये नव कविता,
बन जाओ नव प्रेम की सरिता,
बन जाओ नव प्रेम की सरिता।

मत छेड़ो मेरे लाल को

मत छेड़ो मेरे लाल को वो सो रहा है,
स्वप्न में कल के वो गहरे खो रहा है,
क्यूँ जमाना आज उस पर रो रहा है,
क्या है ऐसा इस जहाँ में जो रहा है,
कौन जाने किसने किसको मार डाला,
आज डांका फिर लुटेरे ने है डाला,
कह रही थी उसकी माँ कि आ गये तुम,
बाट जोह, जोह के वो मेरी सो गया है,
क्या उठेगा मुझसे कहने अब ओ बेटा,
या रहेगा नींद में तू गहरी लेटा,
या रहेगा नींद में तू गहरी लेटा,
अब क्या बेटा बार पहली सो रहा तू,
अब तलक क्यों नींद में है खो रहा तू,
उठ ज़रा और खींच ले ये केश मेरे,
क्या नहीं पहचानता मैं वेष तेरे,
अच्छा अब तो मान जा मैं लाया हाथी,
क्या नहीं लगता वो तुझको तेरा साथी,
अब बड़ा ही नटखटी पे तू है उतरा,

अब तलक न क्यों तू नींद रथ से उतरा,

अब तलक न क्यों तू नींद रथ से उतरा,

क्यों नहीं कहता तू मुझसे मेरा घोड़ा,

तू कहे तो ला दूँ मैं एक अरबी घोड़ा,

क्या बुला दूँ मैं यहाँ पे तेरी नानी,

जो सुना देगी तुझे बन्दर-कहानी,

या कहे तो मैं बुला दूँ तेरी अम्मा,

जो पड़ी है मूर्च्छित जैसे हो खम्मा,

तू छिपकता है ये जान तू नहीं है,

मान बैठूँगा मैं जैसे तू सही है,

अब न कर अठखेलियां मैं जानता हूँ,

क्या है तू समझे, मैं सब पहचानता हूँ।

क्यों है तूने जाने को ये खिड़की खोली,

कौन खेलेगा इसे जो कल है होली,

तू है गुमसुम क्योंकि मैं लाया न गोली,

देख आज है भरी गोली से झोली,

देख आज है भरी गोली से झोली,

बुझ गया ये दीप तो न जल सकेगा,

तुझसे है ये जान ले मेरी दिवाली,

तुझसे है ये जान ले मेरी दिवाली,

कह रहा था तू, चलेगा संग मेरे,

आ खड़ा हूँ, उठ के चल दे संग मेरे,

गर नहीं आना है तुझको संग मेरे,

तो चलूँगा मैं अभी ही संग तेरे

तो चलूँगा मैं अभी ही संग तेरे।

उसने सुनली देखो मेरा प्यारा बेटा,

जो पड़ा था नींद में अब उठ है बैठा,

जो पड़ा था नींद में अब उठ है बैठा,

उठ खड़ा हो अब तू चढ़ जा मेरा कंधा,

क्योंकि अब मैं होना चाहूँ पूरा अंधा,

एक अंधे को शुकूं कितना मिलेगा,

क्योंकि हर पल कंधे पे बेटा खिलेगा,

खुशबू तेरे खिलने की मुझको मिलेगी,

आत्मा परमात्मा से तब मिलेगी।

आत्मा परमात्मा से तब मिलेगी॥

सच्चा दर्पण

मैं हो गया इतना बुरा या दर्पण मुझसे रूठा,

या लगा है टूटने यौवन का भ्रम।

हे मेरे प्यारे, तुमने मुझे सदा बताया मनोज,

जब कल, हर- पल मैंने पूछा तुम्हें रोज,

क्या अब बदलने में तुम्हें न आती लज्जा,

या करनी है मुझे, कुछ और सज्जा,

क्या दोगे तुम मुझे फिर ये वचन?

कि न टूटने दोगे मेरा मन,

क्या तुम दर्पण हो सिर्फ धोखेबाज तन के?

या दर्पण बनोगे मन के,

सुना था बहुत पहले, देखा तुमको आज,

तू क्यों करता है परावर्तित, सिर्फ धोखेबाज,

लगता है सदा साँठ-गाँठ थी तेरी उसके साथ,

पर मैं जाना हूँ आज, पर मैं जाना हूँ आज,

क्या है तेरा कोई भाई जिसमें नहीं धोखेबाजी आई,

जो दिखा दे मन को, न कि तन को,

देखना हूँ चाहता, इन धोखेबाज आँखों से,

क्या है कोई बाकी सच्चा यहाँ,

या देखने को सच्चा मुझे चाहिए सच्ची आँखें।

तो हे प्रभु दे दे मुझे तू एक सच्चा दर्पन,

जो करा दे मुझे तेरे दर्शन,

क्यों? एक तू ही सच्चा लगता मुझको,

क्या देगा सच्ची आँखें, सच देखने को मुझको,

या छुपी है तन में कोई मन की आँखें,

जो कि हों इतनी सच्ची कि देख लें तुझको,

ले ले इन झूठी आँखों को,

दे दे सच्ची आँखें, सच देखने को मुझको,

सच में देखने को तुझको,

सच में देखने को तुझको।

जाने कितनी रश्में तोड़ी

जाने कितनी रश्में तोड़ी,

जाने कितनी कसमें तोड़ी,

आये जब से तुम जीवन में।

जाने कितने नाते छोड़े,

जाने कितने वादे तोड़े,

आये जब से तुम जीवन में।

एक टीचर मरा हुआ सा

देखा टीचर में, एक टीचर, मरा हुआ सा,

ओह! कहीं मर न जाये,

अंतिम साँसें सी गिनता,

लम्बी, लम्बी साँसें लेता,

पल-पल याद करता वो पल,

धुँधली सी यादें आती जाती हर पल।

जब ये मरा हुआ सा टीचर, हुआ करता था जवान,

तब सब कुछ ठीक था, मुँह, आँखें, नाक और कान,

पर इस पल रेंगती सी है याद की गाड़ी,

अरे! वो भी जा रही है अब होने ठाड़ी,

ओह! रुक गयी अब तो याद भी नहीं,

कि वो कभी था जीवित,

और नन्हे-नन्हे पौधे जाते थे उससे सींचित,

जब से काम करना किया बंद,

मुँह, नाक, आँख और कानों नें,

तब से हो गया टीचर, टीचर का पुतला सा,

जो बस खड़ा है देखो बिजूका सा,

अब इसके सर में है सिर्फ, कमजोर हांडी

जबकि होता था, कभी शुद्ध, विवेकी,

विचारशील और जागृत मस्तिष्क यहाँ।

ओह! चली गई, अंतिम साँस भी, हो गई बन्द,

अब तो बस रह गया, जो कुछ देर बाद देने लगेगा दुर्गन्ध,

अरे हटाओ जल्दी, इसकी ठठरी कस दो,

जल्दी करो कहीं देर न हो जाये,

वरना कीड़े पड़ जायेंगे,

कुछ और टीचरों की मौत का कारण बन जायेंगे,

ये आये भी तो थे वहाँ से,

जहाँ एक नेता मरा था,

हाँ, हाँ वही जो पहले टीचर था, बाद में नेता बना था,

शायद उसका शव ही तो सड़ा था।

विकसित कर जाओ नव राहें

विकसित कर जाओ नव राहें,

कब तक थामें ज़र्ज़र बाँहें,

बाँहों वाले भी अब थकते,

थकते वे जो थामे बाँहें,

कहते हैं ज़र्ज़र बाँहें भी, मिलकर अगर चलेंगे थामे,

तब भी बढ़ जायेंगे कोसों, अब से तो हम होंगे आगे,

पर जब देखें आँख उठाकर, कोसों से लम्बी दुनिया है,

बूढी आँखें कोसों देखें, पर कोसों से आगे चाह है,

जब आगे ही जाना हमको, तब क्यों न नव आँखें लायें।

लायें नव राहें, नव बाहें, कब छोड़ेंगे ज़र्ज़र बाँहें।

कब छोड़ेंगे ज़र्ज़र बाँहें।

ज्ञान की कुछ बूँदें

ज्ञान की कुछ बूँदें मुझको, देखने को मिल गयी,

क्या हुआ जो हाथ से कुछ, गड़ियां निकल गयी,

अंत से अनंत तक ये ज्ञान ही संग जायेगा,

और ये गड्डी में जो धन, आयेगा और जायेगा,

कुछ ने पूछा, क्यों ली तूने लम्बी छुट्टी काम से?

कैसे ये समझाऊँ इनको, ली ये छुट्टी काम से,

देख रस्टी, रस्किन का बचपन, याद बेटा आ गया,

सर्वोपरि धन छोटू मेरा, 'एक था रस्टी' समझा गया,

तब ही देखा 'चार्ली का भूत' मैंने एक दिन,

तब लगा, न ज़िंदगी कुछ हो सकेगी छोटू बिन,

कैसे मैं बतलाऊँ,

हम, घर के लिये, घर छोड़ते,

जोड़ते हम धन को जाने, कितने दिल हैं तोड़ते,

जोड़ते हम धन को जाने, कितने दिल हैं तोड़ते।

ये गार्जियन शायद कभी नहीं सुधरेगा,

ये गार्जियन शायद कभी नहीं सुधरेगा,

और ये तो पक्का है कि अभी नहीं सुधरेगा,

देगा टीचर को मुँह माँगा धन, सम्मान,

पर नहीं देगा आपकी बातों पर कान,

अगर किया ऐसा तो घट जायेगी उसकी शान,

फिर कहाँ रहेगी गार्जियन की आन,

अरे फिर तो वह बन जायेगा,

एक ट्यूटर या ट्यूटरिक्स

बच्चे के लिये उसकी ड्यूटी हो जायेगी फिक्स,

अरे क्यों करे बच्चों से सवाल,

जो उठायेंगे उसके मन में बबाल,

अरे है तो टीचर, स्कूल में पूछेगा,

पैसे नहीं लेता क्या, जो नहीं बूझेगा,

पक्का इरादा है घर पर तो कुछ काम नहीं करायेगा,

ज़रूरत पड़ी तो बच्चे को टीचर से पिटवायेगा,

होम वर्क के लिये खुद भी डांट खायेगा,

और अगर प्रभावशाली है, तो टीचर को नाकों चने चबवायेगा,

स्कूल से निकलवायेगा।

तुझपे टाइम नहीं है, बच्चे के पास बैठने को, बड़ा बिजी है,

जैसे बच्चा किसी और का है, और काम तेरा निजी है,

अरे क्यों नहीं सोचता, बच्चा ही तो सबसे बड़ी पूँजी है,

अरे क्यों नहीं लगाता अपना समय,

इस असली पूँजी को बचाने में,

क्यों लगाता है, ये कागजी पूँजी कमाने में,

अरे ज्यादा से ज्यादा 15, 20 साल ही तो रखना है ध्यान,

इसी से तो सच में बढ़ेगा तेरा मान, शान और सम्मान,

तूने जो दिये हैं अपने हीरे, टीचर रूपी जौहरी को,

तराशने दे,

उसे ज़रूरत हो, तो उन्हें, छीलने दे, काटने दे,

हे माँ-बाप, तू खुद को पहचान, जान,

सच्चा गार्जियन बनने में ही है तेरी शान,

सच्चा गार्जियन बनने में ही है तेरी शान।

अरे कहीं ऐसा तो नहीं कि तू बदल गया है,

या परिस्थितियों से डरकर दूर निकल गया है,

और कहीं है, तो लौट आ,

देख, सुन, तुझे तेरे बच्चे बुला रहे हैं,

मेरे पापा कहाँ हैं? पुकार रहे हैं,

उन्हें क्या पता, कि पापा भी खो गया है,

अरे वह भी तो, गार्जियन के संग हो गया है,

अरे! रूक जा वरना ये काम तुझे भुलवायेगा,

तेरे बच्चों से कहलवायेगा,

कोई आता तो है घर,

कभी शाम, कभी रात, कभी दोपहर

लगता तो पापा जैसा ही है,

चलो मम्मी से पूछेंगे,

पर मम्मी तो खुद ही भूली है

अपने क्रीम लिपस्टिक, और फेसपैक पर ही फूली है,

उन्होंने तो माँ बनकर सारे काम निपटा दिये,

बस एक ही पद खाली है,

अगले महीने Mrs. World की Contest होने वाली है,

वे कोई पुरानी गँवार महिला थोड़े ही हैं,

जो अज्ञानी थी,

ये तो हर Contest का हिसाब रखने वाली हैं,

बोलो कहाँ जायें बच्चे,

गार्जियन तो गार्जियन, माँ बाप भी खो गये,

तो क्या कहें, ये अनाथ हो गये,

या कहीं Boarding School में तो जाके नहीं सो गये,

तो चलो वहीं चलते हैं,

जहाँ किराये पर माँ-बाप और गार्जियन एक ही जगह मिलते हैं,

और मोलभाव भी नहीं करना है,

Prospectus में भरा रेट, cheque ही में तो भरना है,

फिर साल दो साल बाद जाना, बच्चे को मनाना, बहलाना,

उसे बताना कि तू टाटा, बिड़ला हो गया है,

इसलिये तेरे पास उसे देने को सब है,

बस टाइम नहीं है,

पर सोचो! कहाँ ले जायेगा, ये चमकदार अँधेरा,

क्या हो पायेगा कभी वो सवेरा?

जब तुम बैठे होगे, उसके सिरहाने,

जगते ही उसे, गोदी में उठाने,

या माँ जो हर रात, सोते समय क्रीम लगायेगी,

क्या कभी उसे, लोरी भी सुनायेगी,

नहीं बिजी है, सभी बिजी, बहुत बिजी,

बस खाली है एक बच्चा जो देखता है,

केवल बिजीनेस, और हो जाता है वैरी बिजी,

अब वह भी बनेगा तेरा बिजी बेटा,

जब तू होगा बिस्तर पे लेटा,

अमेरिका में होगा वह,

और वहीं से फैलायेगा बाँहें,

तब तू भरना आहें,

भर देगा वह मोटी सी रकम,

उससे भी मोटी, जो तूने जीवन भर भरी,

माँ-बाप और गार्जियन के किराये के लिये,

वह भरेगा किराये के चार बेटों को,

जो तुझे ले जायेंगे शमशान, जिससे बढ़ेगी तेरी शान,

यही तो तू चाहता था, टाटा बिड़ला बनकर,

अब क्यों ठठरी पर भी है बेचैन,

तेरे बेटे ने दिखा दिया तुझे बिलगेट्स बनकर।

तेरे बेटे ने दिखा दिया तुझे बिलगेट्स बनकर।

औरत औरत की है दुश्मन

देखा मैंने अजब तमाशा, क्या तू सुनना चाहेगा मन,

देखा उसको उसका दुश्मन, औरत औरत की है दुश्मन।

जब न उसका मूल पड़ा था, तब से ही होती थी बातें,

वे रातें क्या याद है तुमको, न चाहने को तेरी बातें,

फिर आने को इस दुनियाँ में, उसने घर था एक बनाया,

मगर उसी जालिम ने घर को, अपने हाथों से तुड़वाया,

डर था उसको आने पर कि,

पता न कैसा होगा जीवन,

बढ़ेगी धन की आवश्यकता,

बिना शान का होगा जीवन,

शान बढ़ाने खुद की उसने, अपने ही कल को था भुलाया,

आज की औरत ने देखो तुम, कल की औरत को ठुकराया,

आने से पहले ठुकराई, फिर भी कैसा पाप लगेगा,

आयेगा जब सुन्दर लाला, पितृ जनों को स्वर्ग मिलेगा,

चलो किसी ने हिम्मत बाँधी, और आ गई वो दुनियां में,

कौन मंगायेगा अब लड्डू, अम्मा थी किसी और की चाह में,

चाह में,

अरी मरी तू आयी कैसे, जैसे विपदा आन पड़ी है,

पहले से क्या कम थे खर्चें, लेने अब जो प्रान पड़ी है,

कहा था मैंने उस कुलटा से, मुझको दे दे प्यारा नाती,

दे दी उसने पर ये हमको, पीने खून पीटने छाती,

बोली वह पहले क्या कम था, अब लग जाओ फिर जोड़न में,

नहीं अगर जुड़ता दीखे तो, तुम लग जाओ सर फोड़न में,

अब देखो हिजड़ों की बारी, बोले अब क्या माँगें तुमसे,

लल्ला होता लेते सोना, पर तुमको करना है गौना,

बोले अच्छा दे दो साड़ी, माँ थी सुनती जो थी ठाड़ी,

और मन में उन्माद से भारी,

क्या कर सकती थी बेचारी,

आने को था पछ लल्ला का, पर लाली का छोछक आया,

जाने क्या क्या आने को था, पर माँ ने कुछ न भिजवाया,

भूत भविष्य ने देखो मिलके,

वर्तमान कैसा रुलवाया,

कल की औरत ने देखो तुम, आज की औरत को है सताया,

क्या ना जानी अब तक भी तू?

किसने किसको क्या सिखलाया,

तेरी माँ को, उसकी माँ ने,

उसको, उसकी माँ ने सिखाया,

क्या न खुद की तू दुश्मन है?
या अब बदला तेरा मन है,
युग बीतें या युग आयें, पर,
औरत औरत की दुश्मन है,
औरत औरत की दुश्मन है।

ये अधिकारी शायद कभी नहीं बदलेगा

ये अधिकारी शायद, कभी नहीं बदलेगा,

और ये तो पक्का है, अभी नहीं बदलेगा,

लेगा ड्यूटी के बाद भी काम,

जिससे मिल सके इसको आराम,

जान जाता है, कौन आदमी मेरे काम का है,

रेल का तो सिर्फ नाम का है,

रेल के काम में तो, दो चार घंटें ही लगना है,

पर इसका काम तो सपने में भी करना है,

सपना अपना गिरवी रख दे,

Retirement पर छुड़ाना,

अपने बीबी बच्चों को तो नहीं देख सका,

नाती पोतों को खिलाना,

उन्हें बाजार घुमाना, उनकी माँ की सब्जी लाना,

पहले मैम साहब के काम आता था,

अब बहुओं के काम आ,

अच्छा वर्कर बनकर, इस दुनियाँ में नाम कमा,

अच्छा वर्कर बनकर, इस दुनियाँ में नाम कमा,

ये तो कभी नहीं बदलेगा,

दिन रात तुझे रगड़ेगा,

कहेगा कितना अच्छा हूँ, कम आदमी से ज्यादा काम लेता हूँ,

दिन के लिये तो मस्टर - शीट पर लिखा है,

रात में भी काम लेता हूँ,

घर की सफाई भी करवायेगा,

जैसे सरकार से डबल तनख्वाह दिलवायेगा,

तू जिंदा है, मरा नहीं, ये बताने,

कर दे इनके दिन पूरे,

वरना जीवनभर तेरे सपने रहेंगे अधूरे,

सॉरी, सॉरी, सॉरी सपने हैं कहाँ, वो तो छीन लिये,

एक - एक कर, इन अधिकारियों ने बीन लिये,

बिखरे भी नहीं छोड़े,

फिर भी कहते हैं हमने कहाँ तोड़े,

बता दे इन्हें कि तू जगने वाला है,

वरना समझेंगे हर पल मरने वाला है,

किसे चिन्ता तेरे मरने की,

चिंता है तो बस अपने लेज़र पूरे करने की,

बोलो तब क्या करना चाहोगे,

एक बार, बार-बार, या हर बार मरना चाहोगे,

कुछ बोलोगे तो इन्कलाबी कहलाओगे,

मिसबिहेव में Remove कर दिये जाओगे,

फिर क्या करोगे, शायद डर के मारे

हर रोज़ मरोगे,

पर, यदि ठान ली है, तो आयेगी क्रान्ति,

हम लोग तोड़ देंगे, इनकी भ्रान्ति,

चलो मिलालें हाथ, बन जायेगा तब,

दबे कुचलों का साथ,

मिलके पायेंगे एक नयी मंज़िल,

जो कहलायेगी नव युग मंज़िल,

जहाँ होंगे सभी कर्मचारी, न कि क्लास फोर्थ, और
अधिकारी,

कितना अन्तर है, जबकि रहता दोनों का साथ निरंतर है,

कहते हैं चोली दामन है,

जबकि एक मानव और दूसरा दानव है,

सोचो कैसे दूर करोगे अंतर,

तुम मानव वो दानव निरंतर,

क्या कोई है बीच का रस्ता,

जो महंगा न हो, हो सस्ता।

हाँ है, तेल लगाओ,

और चुपके से निकल जाओ,

अरे यही तो करते आये हो,

उसी का परिणाम तो भुगतते आये हो,

अंग्रेज गये आज़ादी आई,

कोठियों के पीछे सर्वेन्ट क्वार्टर थे,

वो आउट हाउट ले आई,

Servant भी बदले सहायक हो गये,

अधिकारी जो पहले मालिक थे,

अब माई-बाप हो गये,

अब आ गया समय इनकी ठहरी कसने का,

अरे तू तो कमाऊ बेटा है, आग लगा दे चिता को,

ये तो खुशनसीबी है, जलाना अपने पिता को,

बोल इन बातों को सुनकर कुछ सोचेगा,

अपने गुम हुए सपने खोजेगा,

या मरेगा हर बार, बार, बार,

या बनेगा क्रान्ति का यार,

क्रान्ति जो अक्सर माँगती है तेरी जान,

पर बदले में,

हे मजदूर! देगी तुझे वापस,

तेरी अनमोल शान, तेरी अनमोल शान।

प्रेम की शक्ति

कब से नहीं सोया साथ तेरे,

शायद जबसे पड़े हैं सात फेरे,

दूरी सात कदम की भी तो न थी,

कम जात जनम से भी तो न थी,

साथ कभी मैं था तेरे जितना, कोई भी ना था,

तू तो सो भी जाती, मैं तो सोता भी न था,

पहली बार रूलाने के लिए तड़फी,

फिर सदा चुप कराने को तड़फी,

ये तड़फ तेरी मुझे तड़फा रही है,

हे माँ! तू मुझे याद क्यों आ रही है?

कैसे बुलाऊँ आवाज़ तुझ तक न पहुँचती,

तू है कहाँ, क्यों मुझ तक न पहुँचती,

क्यों नहीं हो जाता मैं, वही छोटा बच्चा,

जब मैं तेरे लिये था, सारे जहाँ से था अच्छा,

खुशी देती थी तुझे मेरी हर शैतानी,

कितनी प्यारी लगती थी मेरी हर नादानी,

दुख, तब अपने द्वार तक भी न आता था,

मैं रहता हूँ वहाँ", ये जानकर चला जाता था,

डरता था मुझसे न जीत पायेगा,

उसने सोचा तब आयेगा, जब मुझे न पायेगा,

सब कहते थे कि बच्चा बड़ा हो गया,

फिर एक दिन मैं अचानक खो गया,

दुख को तुरन्त इस बात का आभास हो गया,

जैसे बैठा था दुख इसी ताक में,

आ गया अपने घर, बहन क्लेश के साथ में।

उसकी बहिन बड़ी ताकतवर थी,

लगता था दुनियाँ में सबसे ज्यादा निडर थी,

कितने भी हो तुम, इस अकेले में ही बहुत दम थी,

हम अब थक गये, लड़ते-लड़ते,

वे सदा ही हम पर भारी पड़ते,

तब दुखों का दुश्मन प्रेम आया,

पर मैंने उस बचपन के दोस्त को, बड़ा हुआ न पाया,

वो वैसा ही था इस तन में,

जैसा हुआ करता था बचपन में,

याद नहीं वो मुझे कब छोड़ गया था,

शायद मेरी बढ़ती उम्र से मुँह मोड़ गया था।

उसके आने की ख़बर सब तरफ फैल गई,

तब क्लेश की निडरता की कलई खुल गई,

वह अपने भाई के साथ, चुपके से निकल गई,

ठीक तभी आँख मेरी खुल गई,

समझता था, दुख मुझसे डरता था,

ये तो मात्र भ्रम था,

अरे इसका कारण तो सिर्फ प्रेम था,

जो दुख के हर रास्ते में अड़ता था,

हर बार उस पर भारी पड़ता था,

हे प्रभु! बता कैसे रहेगा, ये सदा मेरे साथ,

क्योंकि अब बड़े हो गये हैं मेरे हाथ,

तो कर दे मुझे छोटा बच्चा, न तन से तो कम से कम मन से,

या बुला ले मुझे अपने पास,

पूरी करदे मेरी आस,

पूरी कर दे मेरी आस।

अब तक चली जैसे जीवन की राहें,

अब तक चली जैसे जीवन की राहें,

आगे भी चलना तुम थामे ये बाँहें,

कठिन हो चाहे सरल हो डगरिया,

थकने पे भी तुम, न रखना गगरिया,

जीवन की गागर बड़ी अनमोल,

कोई नहीं कह सकता है इसका मोल,

मेरी ये इच्छा प्रभु से है होती,

जीवन जमीं, जो तुमने संग जोती,

खूब मिलें फल, तुम्हें इस जमीं से,

न हो शिकवा, कभी भी कमी से।

हर-पल बोलो, तू मेरा साथी,

पल-पल सदा हूँगा संग तेरे साथी।

जीवन की मंज़िल को संग-संग तुम पाना,

छोड़ के साथी, कभी तुम न जाना।

वर्तमान को पूरा तू जीना,

भूत भविष्य में न पल गँवाना।

न करना बात, कभी किसी कल की,

क्यों तू है चूके, मिठास इस पल की।

हर दिन नया, है ही तेरी खातिर,

तू हो नव हर दिन, साथी की खातिर,

क्या याद करना, तू चाहेगा वो पल,

जो लगता तुझको, बीता बस इक कल,

जब तक मिले थे या बस था देखा,

जीवन ने लिखा था, एक नया लेखा,

अभी तो बाकी ढेरों हैं पन्ने,

फल भी तुम्हारे अभी तो हैं नन्हे,

इन्हीं नव फलों में छिपी हैं वे राहें,

जो तुमको चलनी हैं थामे ये बाँहें,

जीवन के पथ को कभी न बदलना,

सदा साथ चलना, सदा साथ चलना।

खुद को परखने उठ रहे हैं ये कदम,

खुद को परखने उठ रहे हैं ये कदम,

कोई नहीं है साथ मेरे, बस तू सनम,

अब न रुक पायेंगे पग ये, तू भी सुन,

साथ मेरे बस ये होगी तेरी धुन,

धुन पे तेरी पग ये बढ़ते जायेंगे,

है भरोसा एक दिन कुछ पायेंगे,

हर अकेले ने रचा इतिहास है,

सौभाग्य मेरा तू भी मेरे साथ है,

न कहे तू तन जड़ित इन ओष्ठ से,

आ रही है ध्वनि प्रखर उर कोष्ठ से,

कहने वाले तो कहेंगे सरफिरा,

बोलेंगे तू आके अब है क्यों गिरा,

क्या ये गिरना ही न देगा सुख मुझे,

गिर-गिर के इक दिन, पा ही लूँगा मैं तुझे,

गिर-गिर के इक दिन, पा ही लूँगा मैं तुझे।

अफ़सरशाही

आओ... सुनो भाई, पहले मैंने भी सुनी थी, अफ़सरशाही

अब जाना, खूब पहचाना, अफ़सर माने राजा,

तो अफ़सरशाही, राजाशाही,

राजाओं का सा बर्ताव,

अर्थात राजतंत्र का होना,

और प्रजातंत्र का रोना,

अभिव्यक्ति का डर और करे तो मर,

क्या अकेला, नहीं-नहीं बच्चों के साथ,

कूद जा आत्महत्या कर,

पर अफ़सोस, अफ़सरों ने ले ली पहले ही आत्मा,

तब मान तेरा हो गया ख़ात्मा,

Boss का order ही नियम,

चाहे शराब हो या गंगाजल पियम,

इससे कोई फ़र्क नहीं पड़ता, कि तू क्या पीता है,

उसी माहौल में जी, जिसमें अफ़सर जीता है,

क्या? जी नहीं पायेगा,

शराब तो, बिल्कुल भी नहीं पी पायेगा,

पीलेगा,

शराब का नाम गंगाजल धर,

और गंगाजली में शराब भर।

स्तुति

कोई कविता ऐसी दे दे मुझको ईश्वर मेरे,
कविता लिखते, पढ़ते, सुनते कर लूँ दर्शन तेरे।
सुनी कहानी राम -कृष्ण की ईशु और गुरु की भी,
सब की सब लागे हैं फीकी, जैसे हों बिन मधु की।
इस कविता में भर दे प्रभु तू, अपने नाम का अमृत,
या फिर, फिर से जल्दी कर दे, मुझ मृत को तू फिर मृत।
क्या ये संभव है कि तू, मुझको भी अपनावे,
और शीघ्र से शीघ्र मुझे तू अपने पास बुलावे।
और शीघ्र से शीघ्र मुझे तू अपने पास बुलावे।

महत्वपूर्ण जीवन में हर पल,

महत्वपूर्ण जीवन में हर पल,

क्या घटना, क्या पता है किस पल,

सँभल-सँभल के ; सँभल-सँभल के,

करना व्यतीत, तुम हर इक पल,

महत्वपूर्ण कितना था ये कल,

जिसके कारण आज है आया,

आज भी देखो कितना उज्जवल,

कल की नींव है जो रख पाया,

ना कल कम था, ना कल है कम,

सब में लगे बराबर है दम,

कल कह लो या आज ही कह लो,

मतलब एक है, या पल कह लो,

पल-पल की महिमा पहचानो,

अपने को भी इक पल जानो,

अपने को भी इक पल जानो।

मैं दिनकर हूँ, मैं दिन करता

~

मैं दिनकर हूँ, मैं दिन करता,

रात्रि, निशा के अँधेरे को सुबह-सुबह हूँ मैं हरता,

मैं दिनकर हूँ मैं दिन करता,

हिन्दी में सूरज कहलाता,

अंग्रेजी में कहते सन,

मन मेरा शीतल ही शीतल, गरम आग से मेरा तन,

हर प्राणी को जीवन देता,

तन मन में ऊर्जा भर देता,

रात्रि निशा के अँधेरे को सुबह-सुबह हूँ मैं हरता,

मैं दिनकर हूँ, मैं दिन करता,

मौसम बदलें मेरे कारण, दिन व रात भी चलते हैं,

बीमारी के कीटाणु भी, देख मुझे सब जलते हैं,

रोज सुबह मैं तुझे जगाने, घर पर मैं तेरे आता,

घर-घर को रोशन कर जाता,

रात्रि निशा के अँधेरे को सुबह-सुबह हूँ मैं हरता,

मैं दिनकर हूँ मैं दिन करता।

कैसे बनती हैं कवितायें

कैसे बनती हैं कवितायें,

जैसे बनती है सरितायें,

अनवरत बहते जल निर्झर से,

चीर कर सीना पहाड़ों का,

ऐसे ही भावनायें लेती हैं रूप, शब्द-रूप,

चीर कर हृदय विचारों का,

कभी तीव्र, अति तीव्र,

कभी धीर, गम्भीर,

कभी जैसे भर ली हो सारे जहाँ की पीर,

कभी जैसे संजीवनी युक्त जल हो गंगा का,

कभी समुद्र जैसी उग्र,

करने को नष्ट समग्र,

कभी अपथनीय से पथ पर,

निरन्तर, निरन्तर

विलुप्त होने को आतुर,

कभी व्याकुलता से लबालब सैलाब,

कहीं सिमट, कहीं अकल्पनीय सा फैलाव,
पर चाह लिये एक ठहराव की,
शायद फिर बनने को वही बूँद,
वही निर्झर, वही नदी अनवरत।
अनवरत, सहज शब्दों की धार।

जीवन सपना

कभी झाँककर देखा तूने मन में तेरे,

कैसे-कैसे महल बने हैं मन में तेरे,

तू उन महलों में रहने को कब से आतुर,

पड़े तभी से हैं खाली वो, तेरी खातिर,

फिर सोचूँ क्या बाधा ऐसी,

गहरी नदियाँ, खाई, या फिर पर्वत जैसी,

या फिर नदी समय की है, जो पार न होगी,

या फिर पार करन को नाव, समय ही होगी,

कब वो पल आयेगा जब वो नाव बनेगा,

इस सूखी धरती पर कब वो फूल खिलेगा,

क्या है ऐसा जो इस सूखी धरती में ना,

क्या उन महलों में होगा, जो मिले यहाँ ना,

या जानो ये महल बने हैं किस मिट्टी के,

क्या लकड़ी के, या बालू के, या गिट्टी के,

क्यों खींचे हैं, ओर वो अपनी, पल-पल, हर पल,

क्या वो बीते पल हैं, या आने वाला कल,

ये कल, कल था या कल होगा कोई न जाने,

सपना तो सपना है, फिर भी मन न माने,

इस मन की व्याधा ही इसकी सोच निराली,

कभी-कभी तो लगता खुदको, खुद ही खाली,

तब फिर कैसे इन महलों को सच्चा मानूँ,

शायद पहले खुद को मैं खुद ही पहचानूँ

शायद पहले खुद को मैं खुद ही पहचानूँ,

लगता जैसे वहीं हूँ आकर फिर से ठहरा,

जीवन और जीवन सपने का राज है गहरा।

जीवन और जीवन सपने का राज है गहरा।

श्रधांजलि

पता अगर मुझको दे जाते, तुम अपना तो,
भेंट अश्रुधारा की अर्पण करने आता,
कौन पथिक हे अपनाया है तुमने पथ अब,
क्या वाहन है, जो हमको तुम तक पहुँचाता,
क्या यादों पर उड़कर ही पहुँचेंगे अब हम,
या कोई है, और अधिक जो वेग दिलाता,
कल मुझको पड़ जाती गर दर्शन कर लेता,
फर्क नहीं दर्शन-क्षण अंतिम बन जाता,
फर्क नहीं दर्शन क्षण अंतिम क्षण बन जाता।
अब बोलो तुम जल्दी से क्यों भागे हमसे?
क्या डरते थे साथ कहीं कोई हो जाता?
पर न बच पाओगे अब तुम दूर भी जाकर,
घेर ही लेंगे अपने तुमको स्वप्न में पाकर,
वो जो स्वप्न चला था, था कुछ वर्षों लम्बा,
अब जो स्वप्न चले, हो हर स्वप्न से लम्बा,
नींद बने मेरी चिर-निंद्रा, जब तुम सपना,
कोई नहीं लगता है मोहन, तुम बिन अपना।

चाहूँ नींद, भरी सपनों से, युगों-युगों तक,
उसमें भी हर पल हो लम्बा युगों-युगों तक।
चुपके जो निकल के तुमने किया है धोखा,
क्यों न गाड़ी को तुमने इक पल भी रोका?
तब ही क्षमा मिलेगी हमसे इस धोखे की,
भिजवा दो हमको भी गाड़ी बिन रोके की,
भिजवा दो हमको भी गाड़ी बिन रोके की।

कविताएं

क्या होती हैं कविताएं, चलो कोशिश करें खुद को ही बतायें,

ये बातें हैं खुद की खुद से,

समन्दर की लहरें, क्या नहीं टकराती खुद समन्दर से,

कोई कहता है गहराई में होगी, शान्ति सी,

पर सतह पर तो हमेशा ही क्रान्ति सी,

ये शांत-क्रांत लहरें ले आती हैं बहार,

पड़े जो भीतर रत्न हजार,

क्या-क्या चलता है अन्दर,

जाने न खुद भी ये समन्दर,

कुछ अलग सा है लगता, हर एक के अंदर,

ये द्वन्द, लहर रूपी विचारों के टकराव,

मथ देते हैं समन्दर लाते बहार,

फेंक नव शब्द रूप, रत्नों के अंबार,

मिलके ये रत्न जब बनता है हार,

कहीं, वही तो कविता नहीं कहलाती मेरे यार,

कहीं, वही तो कविता नहीं कहलाती मेरे यार।

कविता लिखता तो नहीं लिख जाती हैं

कविता लिखता तो नहीं लिख जाती हैं,

जब स्मृतियां व कल्पनायें अकेले में जग जाती हैं,

जगने का सिलसिला बढ़ता जाता है,

एक-एक करके काफिला बन जाता है,

सभी जानते हैं, काफिले में भिन्न-भिन्न लोग होते हैं,

कुछ हँसते हैं, तो कुछ रोते हैं,

ऐसे ही स्मृतियाँ व कल्पनायें,

कुछ खिलखिलाती सी,

कुछ छिपती, बचती, दामन छुड़ाती सी,

कुछ जगती नहीं तो, अंगड़ाई लेकर रह जाती हैं,

पर हैं तो सदा साथ, कहीं नहीं जाती हैं,

उनमें से कुछ चुपके से, कविता बन जाती हैं,

उनमें से कुछ चुपके से, कविता बन जाती हैं।

हे जीवन के साथी

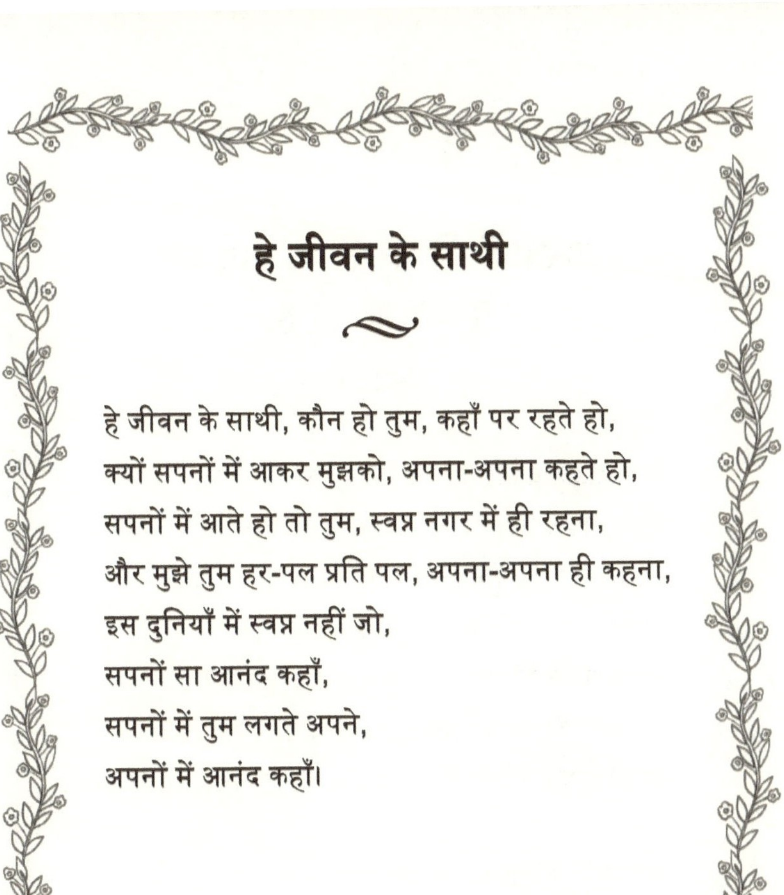

हे जीवन के साथी, कौन हो तुम, कहाँ पर रहते हो,

क्यों सपनों में आकर मुझको, अपना-अपना कहते हो,

सपनों में आते हो तो तुम, स्वप्न नगर में ही रहना,

और मुझे तुम हर-पल प्रति पल, अपना-अपना ही कहना,

इस दुनियाँ में स्वप्न नहीं जो,

सपनों सा आनंद कहाँ,

सपनों में तुम लगते अपने,

अपनों में आनंद कहाँ।

सरदारों की बस्ती में, नाई की दुकान खोली है,

सरदारों की बस्ती में, नाई की दुकान खोली है,

पटाखे बेचने निकला हूँ, जब हर तरफ होली है,

क्योंकि झूठ का कभी काम नहीं किया था,

इसलिये, खरे सच की दुकान खोली है,

पटाखे बेचने निकला हूँ, जब हर तरफ होली है,

अंदाजा नहीं था पर सच है, धंधा चौपट हो गया है,

जब से दुकान खोली है, छः महीने का किराया सर पर हो गया है,

ऐसा नहीं है, कि ग्राहक नहीं आते, खूब आते हैं,

खूब आते हैं, मुस्कुराते हैं,

साथ में बीबी बच्चों को भी लाते हैं,

आपस में पूछते हैं, Discuss करते हैं,

सोचते हैं, क्या खरीदें, क्या खरीद लें?

फिर एक निष्कर्ष पर आते हैं,

कुछ तो मरा हुआ सा मुँह बनाते हैं,

कहते हैं माल तो अच्छा है, सच्चा है,

पर Out of fashion हो गया है,

हम ले भी लें, तो क्या फायदा,

और कीमत, इतनी ज्यादा,

जब आज ही काम का नहीं है,

तो बच्चों के क्या काम आयेगा,

उनका क्या खाक भविष्य बनायेगा,

जब हम ही use करना नहीं चाहते,

तो बच्चों को क्या पसंद आयेगा,

हमने कहा Pure है, बहुत पौष्टिक है साहब,

तो बोले, वो तो सब ठीक हैं,

पर क्या डिब्बाबन्द, Branded झूठ से मुकाबला कर पायेगा,

अरे साहब इसके रूप पर न जायें, गुणों पर जायें,

एक दम प्योर है,

मेरे खुद के हाथों का बना है,

कोई मिलावट नहीं है, एक दम श्योर है।

बोले पर कीमत इतनी ज्यादा,

क्या लोगे डिब्बा बन्द से आधा,

कैसी बात करते हैं साहब,

कहाँ डिब्बा बंद झूठ, और कहाँ खालिस सच,

बोले वो तो सब ठीक है,

पर जब स्वाद ही न आये, तो खाने का क्या फायदा,

बोले, अरे मूर्ख, सच की दुकान चलाता है,

कहता है बड़ा पौष्टिक है, झूठ बोलता है,

तेरी दुकान बंद करानी पड़ेगी,

मंत्री जी से कहके रा.क.का. (राष्ट्रीय करप्शन कानून)
लगवानी पड़ेगी,

कहता है माल की पहचान कर लीजिये सहाब,

अरे मूर्ख नहीं हूँ तेरी तरह,

क्या मैं नहीं जानता जमाने का बहाव,

बोले फ्री में सलाह दूँ, मैंने कहा कहिए,

अबे मूर्ख, सरदारों की बस्ती में,

नाई की दुकान कब चली है,

तुझसे तो हमारी अनारो चूड़ी वाली भली है,

सब सोचते थे, कि केवल औरतें ही चूड़ी पहनती हैं,

पर वह तो दशकों से किन्नरों के मोहल्ले में अड़ी है,

तू भी अपना काम बदल,

सोच क्या काम कर पायेगा,

क्या कहा, कोई और काम नहीं कर पायेगा,

और कुछ नहीं आता, कुछ और काम नहीं आता,

तो फिर Permanent दुकान बंद कर

Seasonal काम कर,

वैसे तेरे सच की ज़रूरत हर किसी को नहीं है,

पर एक कौम है जनता,

जिसका कभी कोई काम नहीं बनता,

उसे आदत है तेरे माल की,

आज की नहीं, सालों साल की,

तो ऐसा कर अपने सच का रैपर बना,

और अंदर कुछ और माल भर,

हाँ दुकान बंद करनी होगी, क्योंकि काम Seasonal है,

जब चुनाव आते हैं, तभी ये काम चलता है,

पर यदि माल बिक गया तो,

मुनाफा सालों साल चलता है,

मुनाफा सालों साल चलता है।

धर्म

धर्म सुना था, कि लोगों को जोड़ता है,

पर इतिहास गवाह है, कि दिलों को तोड़ता है,

हिन्दू, मुस्लिम, सिख़, ईसाई तो जाने पहचाने हैं,

दुनियाँ में और भी हैं जो बिल्कुल अंजाने हैं,

मुश्किल तो ये है, कि कोई टिकता ही नहीं धर्म पर,

बार - बार रूप पर लड़ते हैं,

ध्यान ही नहीं देते करम पर,

कहते हैं मेरा अच्छा है, सारी दुनियां से सच्चा है,

क्या करें लगता है, कहने वाला बच्चा है,

अरे कोई पूछ्छो,

हाथ जोड़कर ही पूजा होती, तो बे-हाथ क्या करे,

अरे कोई तो बताओ, बजू किसके साथ करे,

कैसे बनाये छाती पर क्रास,

जब खा नहीं सकता दो ग्रास,

अरे समझे क्या है धर्म,

अरे भइया अच्छे कर्म का नाम है धर्म,

ये अच्छा क्या है, कैसे पता चले?

अंदर झाँककर देखो तब तो कुछ पता चले।

प्यार की चाय

मैंने उससे कहा, कभी एक कप चाय हो जाये,

वो कुछ न बोली,

मैं समझ गया, कह रही है, अभी नहीं,

मैंने कहा, अभी नहीं, अगले जनम की कह रहा हूँ,

अगले जनम में तो हो जाये,

जानता हूँ, तुझे मेरे ये पुराने कपड़े नहीं भाये,

इसलिये प्रार्थना है कि तू खूब जिये,

क्योंकि तूने बहुत सुन्दर वस्त्र हैं पाये,

और मैं जल्दी जाऊँ, और ईश्वर से, सुन्दर से नये कपड़े पाऊँ,

शायद तब मैं नये कपड़ों में तुझे भाऊँ,

तब वह बोली, उसने अपनी सदा मुस्कुराहट से भरी जुबान खोली,

तुम्हें क्या लगता है, मैं तब भी तुम्हें पास बैठने दूँगी,

तुम्हारे साथ चाय की चुस्कियाँ लूँगी,

अरे भूल जाओ नये कपड़ों का बहाना,

भूल कर भी अगले क्या, और अगले जनम में भी मेरे सामने न आना,

मैंने कहा, मैं समझ गया, तू कभी भी मुझे प्यार मत कर,

पर अपने दिल को मेरे प्रति नफरत से तो भर,

तेरा दिल भरा रहेगा, तो डर तो न होगा,

तेरे दिल में किसी और का, घर तो न होगा,

मैं खड़ा रहूँगा तेरे दिल के दरवाजे पर, प्यार की चाय के साथ,

अरे कभी तो अकेले होगी, थकेगी और कहेगी,

अच्छा चलो, अब थाम सकते हो मेरा हाथ,

मगर सुन मैंने कभी तेरे इन सुन्दर वस्त्रों को नहीं चाहा,

जो ईश्वर ने तुझे दिये हैं,

अरे सुन्दर वस्त्रों से तो बाजार भरे पड़े हैं,

कहीं-कहीं तो इनमें हीरे मोती भी जड़े हैं,

पर समस्या तो कुछ और है, अब तक जान ही न पाये,

कि, मुझको तुझ में क्या है भाये, मुझको तुझ में क्या है भाये,

ठीक है, तेरे दिल में जगह अगले जनम तक बाकी नहीं,

अरे दिल तो अपना भी सात जनमों तक बुक है खाली नहीं,

अरे हम तो उसके बाद भी चाय, तेरे साथ ही पीना चाहेंगे,

अरे सात जनम नहीं, हम तो चौरासी लाख तक जायेंगे,

चौरासी लाख जनमों में कभी तो वो दिन आयेगा,

अरे! आज तुझे मेरे कपड़े नहीं भाते तो क्या,

चौरासी लाख में से, कोई कपड़ा तो भायेगा,

चौरासी लाख में से, कोई कपड़ा तो भायेगा।

अगर बदतमीजी थी, तो बड़े तमीज़ से की थी

अगर बदतमीजी थी, तो बड़े तमीज़ से की थी,

किसी गैर से नहीं, अपने अजीज से की थी,

समझते थे पहली मुहब्बत हो तुम,

कहाँ जानते थे, बे मुरब्बत हो तुम,

मुहब्बत की रश्मों से वाकिफ न थे,

इसलिए बे-सलीके से की थी,

अरे किसी गैर से नहीं, अपने अजीज से की थी,

तुम तो मुहब्बत के राही थे, वर्षों पुराने,

हमने तो तुम्हीं से शुरुआत की थी,

अगर बदतमीजी थी, तो बड़े तमीज़ से की थी,

किसी गैर से नहीं, अपने अजीज से की थी,

जानते न थे, कि इतना गुरुर है तुझे,

अपनी मुहब्बत पा लेने का,

नादां थे नादानी कर गये,

नहीं ये दौर, किसी को सच्ची मुहब्बत बनाने का,

समझते थे मुहब्बत से भरे हो,

समझ लोगे, हमारी मुहब्बत को
बदनसीब थे हम, कहाँ इल्म था,
कि हमने मुहब्बत एक खुशनसीब से की थी,
अगर बदतमीजी थी तो बड़े तमीज़ से की थी
किसी गैर से नहीं अपने अजीज से की थी।

एक हसरत थी, छोटी सी

एक हसरत थी, छोटी सी,

कि उसकी झील सी आँखों में डूब जायें,

चाहे डूब कर मर जायें,

जब चलकर किनारे पहुँचे, तो पता चला,

कि झील तो, डूबने वालों से भरी पड़ी है,

पर ये दिल कहाँ माना, डूबने को जगह तो न थी,

सोचा, खोंच भर पानी ही ले लें,

जब और पास, और पास पहुँचे तो पाया,

पानी तो, था ही नहीं,

वो तो उसके यारों के बेजान जिस्मों ने पी लिया,

जिससे झील अटी पड़ी है,

तब कुछ याद आया, और मन ही मन दुहराया,

कि ऑंखें झील हों, या समुन्दर,

पर मेरे यार, इनमें पानी जरुर हो अन्दर,

पानी जरुर हो अन्दर,

आँखों के पानी में डूबने का एहसास,

हर किसी को नहीं होता,

आँखें तो, बहुतों की झील से भी गहरी हैं,

पर, हर किसी की आँखों में शर्म का पानी नहीं होता,

हर किसी की आँखों में शर्म का पानी नहीं होता।

बारिश की ये बूँदें

बारिश की ये बूँदें, जो मेरे छाते पर पड़ रही हैं,

पैदा कर रही है, संगीत की मधुर धुन,

तभी तेरा ख्याल आया,

और मैं कल्पना में खो गया,

क्या तू भी रही होगी सुन,

संगीत की ये मधुर धुन,

या घर से ही न चली होगी, बारिश के डर से,

तू न चली होगी डर से, कि कहीं तुम भीग न जाओ,

पर हम तो चल दिये थे घर से, इस डर से,

कि कहीं तुम भीग न जाओ,

इन्हीं ख्यालों में पड़ाव आया,

जब पहुँचे, तो तुम्हें वहाँ न पाया,

शायद तुमने समय से न आकर ठीक ही किया,

अगर तू भीग जाती,

तो जुकाम तो तुझे पहले से ही था,

सर्दी भी लग जाती, और तेरी तबियत खराब हो जाती

और इश्वर न करे तू फिर, दो एक दिन न आती,

तुझे देखे बिना कैसे ख्याल आता,

फिर मैं कैसे नयी कविता लिख पाता,

अभी लिखते वक्त तुम्हारा फिर ख्याल आया,

क्यों कहा बिना देखे कैसे ख्याल आया,

तुम दूर हो तो क्या, तुम्हें देख रहा हूँ,

तन की आँखों से तो तुम्हें सब देखते हैं,

मैं तो मन की आँखों से देख रहा हूँ,

बिना देखे लिखना संभव नहीं,

इसलिए, पल-पल हर पल देख रहा हूँ,

हिम्मती तो बहुत समझता था खुद को,

और कई बार ख्याल आया,

पर न जाने किस डर से, तुम्हें फ़ोन न लगा पाया,

फिर भी अंतर्मन से कहीं आवाज आ रही है,

ऐसा लगता है कि तू भी आने का मन बना रही है,

आँखें तुझे देखने को व्याकुल हैं,

तू आ क्यों नहीं जाती,

क्यों मेरे साथ-साथ बारिश की भी व्याकुलता बड़ा रही है,

क्यों नहीं समझती, ये बारिश तुझे, मेरे छाते के साथ भिगोना चाह रही है,

समय बाकी है पर घड़ी की भी सुन,

बारिश बार-बार कह रही है मुझसे,

कि कह दूँ तुझसे,

कि तू भी सुन ले इसकी मधुर धुन,

इसकी मधुर धुन।

तुम्हारे ही कारण

कल्पना !

तुम रहती हो,

पल-पल प्रतिपल हर पल, सदा,

मन में मेरे,

तुम्हें देख मन में, चली आती हैं,

नित नई कविताएँ,

जहन में मेरे,

तुम्हारे ही कारण,

मैं कर पा रहा हूँ,

उन स्वप्न नगरों की सैर,

जहाँ समय जाता है ठहर,

समय आदि के बंधनों से मुक्त,

तुम्हारे ही कारण आते हैं,

विचार उन्मुक्त,

तुम्हारे ही कारण,

स्वप्न नगरों में बहती है प्रेम-पवन,

कितना मधुर एहसास देती है,

मिलने की तड़फ की ये अगन,

तुम्हारे ही कारण,

मैं समझ बैठा तुम्हें अपना सा,

पर तुम तो युगों से हो, एक सपना सा,

तुम हो एक छलावा, सदा से छलती आई हो,

कहाँ किसी के मन में, हर पल रह पाई हो,

अरे कहाँ जा रही हो,

तुम्हारे ही कारण तो,

मैं अब तक लिख पाया,

वरना जीवन बीत गया, एक विचार तक न आया,

गुजारिश अगर मान लो,

तो करूँगा बस एक,

मत रहो सदा साथ,

पर स्वप्न में कभी-कभी दिखला दिया करो,

अपनी झलक एक, अपनी झलक एक,

कभी-कभी तो मैं खुद भ्रमित हो जाता हूँ,

कि मैं कविता को, या तुम्हें चाहता हूँ,

अरे कविता तो मात्र भ्रम है,

हर कविता का तू ही तो उदगम् हैं,

हर कविता का तू ही तो उदगम् हैं।

कोई मित्र तो बनाओ

अक्सर आँखों में आँसू देखे हैं तेरे,

फिर भी होठ तेरे मुस्कानें बिखेरे,

आँखों के आँसू और होठों की मुस्कानें मिलाके,

कोई चित्र तो बनाओ,

मानता हूँ, जमाना दुश्मन है,

फिर भी, कोई मित्र तो बनाओ, कोई मित्र तो बनाओ,

महसूस करता हूँ, परिस्थितियों ने तेरे लिए,

कई जाल बुने हैं,

मैंने भी, कई बार तेरी मुस्कुराहटों में,

अनकहे, आह भरे गीत सुने हैं,

नहीं कहता, भूल जाओ गीत पुराने,

पर कोई, नया, गीत भी तो गुनगुनाओ,

मानता हूँ, जमाना दुश्मन है,

फिर भी कोई मित्र तो बनाओ,

कोई मित्र तो बनाओ।

गमों से दोस्ती कर ली

जमाने भर की खुशियों पर,
गमों का राज़ चलता है,
खुशी से मिलने की खातिर,
गमों से दोस्ती कर ली,

तेरी यादों के अक्सों ने,
अक्सर ही रुला डाला,
इन्हीं अक्सों से बचने को,
गमों से दोस्ती कर ली,

जमाने भर के रिश्तों ने,
गमों को ही दिया हमको,
इन्हीं रिश्तों की खातिर अब,
गमों से दोस्ती कर ली,

गमों के बीच में रहकर,
अपनापन इन्हीं से है,
जो अपने न हुए अपने,

जो तुम भी न हुए अपने,
गमों से दोस्ती कर ली,

गमों को आजमाया है,
बदलते ये नहीं तेवर,
हमेशा साथ रहते हैं,
इसी से दोस्ती कर ली।

जरुरत तो तेरी है, हे जिंदगी

जरुरत तो तेरी है, हे जिंदगी

ये अलग बात है,

कि हसरत पूरी हो न हो,

हम तुझे पायेंगें, या न पायेंगें,

इस मोड़ पे बहके, तो लुढ़क जायेंगें,

यह वह दौर नहीं उम्र का, मेरे दोस्तो,

जो फिसल कर, सँभल जायेंगें,

रास्ते तो बिलकुल सीधे ही थे,

कहाँ सोचा था, कि मोड़ आयेगा,

मुड़ें या लौट लें पीछे,

इस असमंजस में छोड़ जायेगा,

तेरी याद भर, जिंदगी देगी मुझे,

ये अलग बात है कि तू याद भी न दे,

जरुरत तो तेरी है, हे जिंदगी,

ये अलग बात है

कि तू साथ ही न दे।

याद

~

वो जा ही नहीं रही थी,

बाहर खड़ी, बार बार,

दरवाजा खटखटा रही थी,

मैं खुद को ना रोक पाया,

उस बेचैन ने मुझे बेचैन कर दिया,

क्या करता, मैंने दरवाजा खोल दिया,

कहा, अब अंदर आ जाओ,

पर तब तक न जाना,

जब तक मेरी आँखों में एक भी आँसू पाना,

क्या जानना चाहोगे, वो कौन थी?

वह उसकी याद थी मेरे दोस्त,

जो कब से दरवाजे पर खड़ी,

पर सदा से ही मौन थी,

सदा से ही मौन थी।

O Peace!

O peace! Tell me thy abode,

Where begins the road,

All the paths are not able,

To lead me thy level,

Thou, the only, leads to Him,

Where the light, gets never dim

If thou, not to tell steady,

Tell me where, thou study

O! Dear sister of true joy,

Make me your darling boy,

Doth you reside in His name,

Or says it only for fame,

Or you too have no piece of peace?

Or your source has become cease,

If you be sad being it lost,

Then thou should be His lovely host,

तेरे दर को छोड़ के.......,
किस दर जाऊँ मैं

~

तेरे, दर को छोड़ के......., किस दर जाऊँ मैं,

सारे घर, मांटी के ढेरे, रहने वाले पुतले ठहरे,

जी न लागे, ऐसे घर में, जी न...... लागे ऐसे घर में,

किस घर जाऊँ मैं......

तेरे दर को छोड़ के, किस दर जाऊँ मैं......

तूने जग में क्या कर डाला, माया का जो बीज ये डाला,

बीज-बीज से, बना ये जंगल,

बीज-बीज से, बना ये जंगल, और जानवर मैं............

तेरे दर को छोड़ के, किस दर जाऊँ मैं......

मुझको ऐसी राह दिखा दे, जंगल से मुक्ति दिलवादे,

बनकर मेरी राह का साथी, मुझको अपने घर पहुँचा दे,

जनम-जनम से भटक के इसमें, खूब थका हूँ मैं.........

तेरे दर को छोड़ के, किस दर जाऊँ मैं......

बोल क्या मेरा संग तू देगा, या मुझको फिर धोखा देगा

धोखा दे के, हर पल तूने......., खूब ठगा हूँ मैं.........

तूने प्रभु ये क्या कर डाला, माया से मैला कर डाला,
मैला करके मैल हरेगा, तू ही प्रभु न मैं.........
तेरे दर को छोड़ के, किस दर जाऊँ मैं.........
ये दुनियाँ झूठों की साथी, शेर, सर्प को समझे हाथी,
बैठ के इसपे ये इतराये, इक दिन ये इसको ही खाये,
देख के इसकी, ये चतुराई, खूब हँसा हूँ मैं............
तेरे दर को छोड़ के, किस दर जाऊँ मैं.........

तू मुझसे क्यों ऐसा रूठा, तेरा मेरा साथ है छूटा,
अब तो मुझको माफ़ी दे दे, खूब फँसाया मैं............
तेरे दर को छोड़ के किस दर जाऊँ मैं.........

देखी मैंने दुनिया सारी, पिंजड़े में है कैद बेचारी,
कौन है दोषी, इसकी खातिर, ये या इसका मैं............
तेरे दर को छोड़ के, किस दर जाऊँ मैं............

मैं को तूने सब में भेजा, मेरा मैं तू वापस ले जा.
बदले में तू खुद को दे जा, बदले में तू खुद को दे जा,
फिर न तू और मैं............
तेरे दर को छोड़ के किस दर जाऊँ मैं............

'बिखरे पत्ते' बाग में

बिखरे पत्ते बाग में मेरे,

तुझको अर्पण हे साथी,

झुलसे जीवन आग में हैं ये,

तुम्हें समर्पण हे साथी,

फूलों से तुलना न करना,

फूल तो इनसे ही पोषित,

जान ले अब तू, इन पत्तों में,

जीवन रस ही है शोषित,

फूलों के रंग पर न जाना,

रंग हैं दो पल के साथी,

और जो खुशबू मोहित करती,

साथ न इक पल रह पाती,

इन पत्तों की बात निराली,

बदलेंगे न इनके रंग,

जो जाने वाले रंग थे,

वे छोड़ चुके हैं कब का संग,

अब ये सूखेंगे भी न प्रिये,

नमी न अब उड़ पायेगी,

बिल्कुल जीवन मृत्यु जैसे हैं,

हर पल साथ निभायेगी।

कल-कल ध्वनि बहते झरने सी,

मत जानो इनको स्थिर,

अंत नहीं आगाज़ समझना,

आयेंगे मिलने फिर-फिर।

आयेंगे मिलने फिर-फिर॥